中华人民共和国行业标准

公路电子不停车收费联网运营和服务规范

Operation and Service Specifications for Highway Unified Electronic Toll Collection

JTG B10-01—2014

主编单位：交通运输部公路科学研究院
　　　　　交通运输部路网监测与应急处置中心
批准部门：中华人民共和国交通运输部
实施日期：2014 年 08 月 01 日

人民交通出版社股份有限公司

图书在版编目（CIP）数据

公路电子不停车收费联网运营和服务规范：JTG B10-01—2014／交通运输部公路科学研究院，交通运输部路网监测与应急处置中心主编． — 北京：人民交通出版社股份有限公司，2014.7

ISBN 978-7-114-11566-0

Ⅰ．①公… Ⅱ．①交… ②交… Ⅲ．①公路收费系统—收费制度—行业标准—中国 Ⅳ．①U42.36-65

中国版本图书馆 CIP 数据核字（2014）第 162498 号

标准类型：	中华人民共和国行业标准
标准名称：	公路电子不停车收费联网运营和服务规范
标准编号：	JTG B10-01—2014
主编单位：	交通运输部公路科学研究院
	交通运输部路网监测与应急处置中心
责任编辑：	李 洁
出版发行：	人民交通出版社股份有限公司
地　　址：	（100011）北京市朝阳区安定门外外馆斜街 3 号
网　　址：	http://www.ccpress.com.cn
销售电话：	（010）59757973
总 经 销：	人民交通出版社股份有限公司发行部
经　　销：	各地新华书店
印　　刷：	北京市密东印刷有限公司
开　　本：	880×1230　1/16
印　　张：	3
字　　数：	80 千
版　　次：	2014 年 7 月　第 1 版
印　　次：	2018 年 5 月　第 3 次印刷
书　　号：	ISBN 978-7-114-11566-0
定　　价：	30.00 元

（有印刷、装订质量问题的图书，由本公司负责调换）

中华人民共和国交通运输部

公 告

第 35 号

交通运输部关于发布《公路电子不停车收费联网运营和服务规范》的公告

现发布《公路电子不停车收费联网运营和服务规范》（JTG B10-01—2014），作为公路工程行业标准，自 2014 年 8 月 1 日起施行。

《公路电子不停车收费联网运营和服务规范》（JTG B10-01—2014）的管理权和解释权归交通运输部，日常解释和管理工作由主编单位交通运输部公路科学研究院负责。

请各有关单位注意在实践中总结经验，及时将发现的问题和修改建议函告交通运输部公路科学研究院（地址：北京市海淀区西土城路 8 号，邮政编码：100088），以便修订时研用。

特此公告。

中华人民共和国交通运输部
2014 年 7 月 15 日

交通运输部办公厅　　　　　　　　　　　　　　　　2014 年 7 月 24 日印发

前　言

根据交通运输部厅公路字〔2013〕169号文《关于下达2013年度公路工程行业标准制修订项目计划的通知》的要求，由交通运输部公路科学研究院和交通运输部路网监测与应急处置中心承担《公路电子不停车收费联网运营和服务规范》（以下简称"本规范"）的制定工作。

为规范全国公路电子不停车收费（Electronic Toll Collection，ETC）联网运营与服务，保障全国公路ETC联网运营秩序，为用户提供优质服务，制定本规范。

本规范的编制坚持以用户为本的理念，本着充分提升公路网服务水平的原则，在充分总结前一阶段公路ETC工作的基础上，形成公路ETC跨省联网运营的总体规则与用户服务的基本要求，以促进公路ETC联网运营与服务体系的形成，发挥公路ETC技术应用的规模效益，实现全国公路ETC"高效运营、统一服务"的目标，为群众提供更便捷、高效的服务。

本规范共包括10章和1个附录等内容。其中：1总则、2术语、3基本规定，这3章提出了公路ETC联网运营与服务的总体原则性要求；4～10章，即4清分结算、5联网信息管理、6检测、7指标参数、8车道服务、9用户服务、10形象标识，从联网运营与服务所涉及的各方面着重作出了细化规定；附录A为规范性附录，针对形象标识的设置给出了示例；本规范用词用语说明给出了执行严格程度用词和引用标准用语的相关规定。

本规范由李斌负责第1章，杨蕴负责第2章，王刚负责第3章，胡宾负责第4章，李剑负责第5章，刘鸿伟负责第6章，孙兴焕负责第7章，周正兵负责第8章，陈喆、谢蒙萌负责第9章，江运志负责第10章及附录A。

请各有关单位在执行过程中，将发现的问题和意见，函告本规范日常管理组，联系人：杨蕴（地址：北京市海淀区西土城路8号，交通运输部公路科学研究院，邮编：100088；电话：010-62079045；传真：010-62045674；电子邮箱：yangyun@itsc.cn），以便修订时参考。

第 一 主 编 单 位：交通运输部公路科学研究院
第 二 主 编 单 位：交通运输部路网监测与应急处置中心
参 编 单 位：北京速通科技有限公司
　　　　　　　江苏省高速公路联网营运管理中心
　　　　　　　安徽省高速公路联网运营有限公司
　　　　　　　广东联合电子服务股份有限公司

主　　　　编：李　斌
主要参编人员：王　刚　胡　宾　孙兴焕　周正兵　杨　蕴
　　　　　　　　陈　喆　谢蒙萌　李　剑　江运志　刘鸿伟
主　　　　审：金　凌
参与审查人员：陈永耀　王　辉　华玉文　李哲梁　张明月　夏太胜
　　　　　　　　范双成　杨永前　左海波　金文彪　梁　华
参 加 人 员：韩　彬　沈志祥　于海宁　费勤瑛　罗伟濂　宁　卿
　　　　　　　　陈　霖　张巍汉　刘　旭　梅乐翔　赵伟一

目　次

1 总则 ... 1
2 术语 ... 2
3 基本规定 ... 4
4 清分结算 ... 5
   4.1 清分管理 ... 5
   4.2 结算管理 ... 5
   4.3 争议交易处理 ... 5
   4.4 退费交易处理 ... 6
   4.5 补交交易处理 ... 6
5 联网信息管理 ... 7
6 检测 ... 8
7 指标参数 ... 9
8 车道服务 ... 10
9 用户服务 ... 11
   9.1 一般规定 ... 11
   9.2 发行服务 ... 11
   9.3 投诉服务 ... 12
   9.4 服务渠道 ... 12
10 形象标识 ... 14
   10.1 一般规定 ... 14
   10.2 制作要求 ... 14
   10.3 设置要求 ... 15
附录A 形象标识示例 ... 17
本规范用词用语说明 ... 22
附件 《公路电子不停车收费联网运营和服务规范》（JTG B10-01—2014）条文说明 ... 23
   1 总则 ... 25
   3 基本规定 ... 26
   4 清分结算 ... 27
   5 联网信息管理 ... 29
   6 检测 ... 30
   7 指标参数 ... 31

8 车道服务 …………………………………………………………………… 33
9 用户服务 …………………………………………………………………… 34
10 形象标识 …………………………………………………………………… 36

1 总则

1.0.1 为规范和指导全国公路电子不停车收费（ETC）联网运营与服务，制定本规范。

1.0.2 本规范适用于公路ETC和相关非现金支付的运营与服务。

1.0.3 全国公路ETC系统的建设、管理、运营和服务除应符合本规范外，尚应符合国家和行业现行有关标准的规定。

2 术语

2.0.1 电子不停车收费 electronic toll collection（ETC）

在不停车条件下，应用无线电射频识别及计算机等技术自动完成对通过车辆的识别、收费操作、车道设备控制和收费数据处理的收费方式。

2.0.2 发行 issue

完成用户注册、车载单元与非现金支付卡的安装、激活等的业务。

2.0.3 发行方 issuer

负责一定区域内公路电子不停车收费车载单元、非现金支付卡的经营和管理的实体。

2.0.4 车载单元 on-board unit（OBU）

安装在车辆内部（风挡玻璃或仪表台上）并且支持利用专用短程通信与路侧单元进行信息交换的设备。

2.0.5 非现金支付卡 non-cash payment card for ETC

向社会公开发行的具有收费公路通行费缴纳功能的智能卡，也称为用户卡或CPU用户卡。

2.0.6 争议交易 disputed transaction

参与方对 ETC 标准账务结算结果提出异议的原始交易。

2.0.7 结算 settlement

各级 ETC 联网运营和服务机构根据清分统计结果进行资金收付的业务。

2.0.8 轧差 offset balance

结算参与方采用多边金额对冲的方法确定各自应收或应付金额的结算方式。轧差金额是某参与方所有应收金额减去所有应付金额得到的差额。若差额为正，则该差额为参与方本次结算应收金额。若差额为负，则该差额为参与方本次结算应付金额。

2.0.9 退费 refund

在使用 ETC 进行正常消费时，发生的消费金额与实际存在差异而退还差额部分通行费的业务。

2.0.10 补交 restitution

在使用 ETC 进行正常消费时，发生的消费金额与实际存在差异而补交差额部分通行费的业务。

2.0.11 黑名单 black list

禁止通过收费车道的车载单元或非现金支付卡列表。

2.0.12 增量黑名单 incremental black list

自上一次生成黑名单的时刻起，发生更新的黑名单。

2.0.13 路侧单元 roadside unit

安装在收费车道门架上或收费岛立柱上的用于同过往车辆上的车载单元进行通信的天线及相应的控制设备。

3 基本规定

3.0.1 公路电子不停车收费（ETC）联网运营和服务的参与方由国家级 ETC 联网运营和服务中心（简称"国家中心"）、省级 ETC 联网运营和服务中心（简称"省中心"）、收费公路经营管理单位和发行方组成。

3.0.2 ETC 联网收费客车分类标准应符合表 3.0.2 的规定。

表 3.0.2 ETC 联网收费客车分类标准

类 别	规 格
1 类	≤7 座
2 类	8～19 座
3 类	20～39 座
4 类	≥40 座

3.0.3 联网区域内用户车辆、车载单元（OBU）和非现金支付卡应一一对应；未安装 OBU 的车辆，用户车辆应与非现金支付卡一一对应。

3.0.4 ETC 联网运营和服务的各参与方应妥善保管用户资料，并履行保密义务。

3.0.5 封闭式收费公路环境下，非现金支付卡应兼做通行券使用。

3.0.6 收费车道系统应生成并保存车道日志，车道日志和抓拍图像保存不应少于 40d；车道录像保存不应少于 15d；车道原始交易记录保存不应少于 1 年。

4 清分结算

4.1 清分管理

4.1.1 国家中心应对各省中心上传的跨省（自治区、直辖市）交易数据进行核实并确认。

4.1.2 清分统计应确认当日正常付款交易数据、确认付款的争议交易数据和确认拒付的争议交易数据等，并形成清分统计结果。

4.1.3 国家中心应将清分统计结果发送至省中心，省中心确认后应反馈至国家中心。

4.1.4 清分应每日进行。

4.2 结算管理

4.2.1 ETC跨省（自治区、直辖市）联网资金结算应采用轧差结算的方式。

4.2.2 依据清分统计结果，应付省份的省中心应将资金划转至国家中心，国家中心收到全部应付资金后，应将资金划转至应收省份的省中心。

4.2.3 结算应每日进行，节假日顺延，结算周期不应长于5个工作日。

4.3 争议交易处理

4.3.1 争议交易涉及的各参与方应提供证据，配合完成争议交易的最终处理。

4.3.2 争议交易的处理结果应为确认付款的争议交易或确认拒付的争议交易。

4.3.3 争议交易处理应每日进行。国家中心每日应向省中心发送前1日接收到的争议交易；省中心应在收到争议交易后的10个工作日内完成争议处理，将处理结果反馈至国家中心。

4.3.4 省中心在 10 个工作日内未能就争议交易处理结果达成一致时,应交由国家中心,国家中心应在 10 个工作日内协调解决。

4.3.5 争议处理结果应纳入到下一个清分日的统计数据中。

4.3.6 逾期超过 30 个自然日的交易数据应作为确认拒付的争议交易数据。

4.4 退费交易处理

4.4.1 跨省(自治区、直辖市)退费交易应由提出申请的省中心上报国家中心,国家中心协调相关省中心办理退费。

4.4.2 退费交易处理涉及的各参与方应提供证据,配合完成退费交易的最终处理。

4.4.3 退费交易处理结果应纳入到下一个结算日的统计数据中。

4.5 补交交易处理

4.5.1 跨省(自治区、直辖市)补交交易应由提出申请的省中心上报国家中心,国家中心协调相关省中心办理补交。

4.5.2 补交交易处理涉及的各参与方应提供证据,配合完成补交交易的最终处理。

4.5.3 补交交易处理结果应纳入到下一个结算日的统计数据中。

5 联网信息管理

5.0.1 联网信息应包括基础信息、发行信息、黑名单等。

5.0.2 基础信息应由国家中心根据省中心上报的信息生成及更新。

5.0.3 发行方应将发行信息经省中心发送至国家中心。国家中心应及时汇总发行信息，并在联网省份内实现共享。

5.0.4 黑名单应由发行方生成，其他参与方不得更改。

5.0.5 发行方应将黑名单经省中心发送至国家中心，由国家中心统一下发，各省中心应及时对路网中的黑名单进行更新。

5.0.6 黑名单生效时间不得超过 24h。

5.0.7 增量黑名单应每 2h 发送一次，全量黑名单应每 24h 发送一次。

5.0.8 国家中心和各省中心应建立联网信息传输管理机制，在自动传输失效时可由人工干预完成。

6 检测

6.0.1 国家中心应组织 ETC 关键设备及系统的检测和测试工作。

6.0.2 联网区域内所有 ETC 关键设备应符合国家和行业现行有关标准规定，并必须通过具备相关检测资质的第三方检测机构的型式检验。

6.0.3 各省中心应严格控制关键设备质量，并组织对到货的关键设备进行抽样检验。

6.0.4 ETC 系统在开通运行前，应通过由具备相关检测资质的第三方检测机构依据现行《公路工程质量检验评定标准 第二册 机电工程》（JTG F80/2）所做的工程质量检验。

6.0.5 省级联网收费系统接入全国联网系统前，或联网省份内联网收费系统进行升级改造会影响到全国联网运营时，应通过国家中心组织的入网测试。

6.0.6 省中心应定期组织开展 ETC 系统运行检测，对联网区域内运行的 ETC 系统及关键设备进行检测和评价。

7 指标参数

7.0.1 省中心应统计本省（自治区、直辖市）指标参数，并定期上报国家中心。指标参数应包括但不限于下列信息：
    1 基础设施指标；
    2 用户发展指标；
    3 运营指标。

7.0.2 基础设施指标应包括但不限于下列信息：
    1 收费站信息；
    2 服务网点信息；
    3 路侧单元信息。

7.0.3 用户发展指标宜分车型统计，应包括但不限于下列信息：
    1 非现金支付卡用户数量；
    2 ETC用户数量。

7.0.4 运营指标应包括但不限于下列信息：
    1 ETC车道交易成功率；
    2 非现金交易笔数及占比；
    3 非现金交易金额及占比；
    4 ETC交易笔数及占比；
    5 ETC交易金额及占比；
    6 省（自治区、直辖市）界站主要运营信息。

7.0.5 国家中心应汇总相关统计数据，并在联网省份内发布。

8 车道服务

8.0.1 ETC 车道宜设置在收费站行车方向左侧。

8.0.2 ETC 车道宜采用自动栏杆岛内布局模式。

8.0.3 ETC 车道应 7d×24h 不间断运行,车道系统发生故障时,应及时修复。

8.0.4 当车辆在 ETC 车道无法正常通行时,应及时通过人工干预的方式处理。

8.0.5 ETC 车道交易时,应提示用户车牌号码、当次支付金额等信息;非现金支付卡在人工收费车道交易时,收费车道应提示用户当次支付金额等信息。

8.0.6 ETC 车道交易时,应查验 OBU 有效期和拆卸状态、非现金支付卡有效期、OBU 和非现金支付卡发行属地、OBU 和非现金支付卡车牌号码一致性、黑名单信息,查验不通过时,严禁交易。

8.0.7 人工收费车道使用非现金支付卡交易时,应查验非现金支付卡有效期、非现金支付卡发行属地、车辆悬挂车牌号码和非现金支付卡车牌号码一致性、黑名单信息,查验不通过时,严禁交易。

8.0.8 非现金支付卡出现余额不足或被列入黑名单时,应采用现金或其他支付方式全额支付。

9 用户服务

9.1 一般规定

9.1.1 发行方应在省（自治区、直辖市）内向用户提供统一规范的用户服务。

9.1.2 因用户信用问题造成的通行费差错，应由发行方负责处理。

9.1.3 因发行方操作失误造成的损失，应由发行方负责。

9.1.4 因收费公路经营管理单位原因造成的通行费差错，应由收费公路经营管理单位负责处理。

9.1.5 省中心应明确告知用户投诉渠道。用户投诉应实行"首问负责制"和"发行方负责制"的原则，相关参与方协助处理。

9.1.6 发行方应向用户提供业务咨询、开户、销户、充值、挂失、解挂、OBU 发行与安装、账单查询、用户信息变更、维护维修等服务。

9.1.7 发行方宜在联网区域内向用户提供异地充值服务。

9.1.8 发行方可向用户提供在公路服务区、停车场、城市道路等领域的拓展应用服务。

9.2 发行服务

9.2.1 OBU 和非现金支付卡应采用实名制发行，发行方应核对机动车所有人有效身份证件、办理人有效身份证件和机动车行驶证等法律规定的有效证件，并留存复印或影印件。

9.2.2 发行方应对用户进行资格审查，并与用户签署使用协议，保证用户知悉使用权益及应遵守的各项规定。

9.2.3 OBU 和非现金支付卡中应写入车牌号码,并与申请车辆牌照号码一致。

9.2.4 OBU 和非现金支付卡应设置有效期并保持一致,有效期自用户注册之日起不应长于 10 年。发行方应提供到期提醒及续期服务。

9.2.5 OBU 和非现金支付卡质保期不应少于 2 年。质保期内,非人为损坏的 OBU 和非现金支付卡应免费维修或更换。

9.2.6 用户挂失生效时间不应长于 24h。

9.2.7 销户业务自用户申请销户之日起,应于 45 个自然日之内办理完毕。

9.2.8 发行方应于每月不晚于第 5 个工作日发布上一月份的月结单。

9.2.9 发行方宜具备向车辆前装式 OBU 提供发行服务的能力。

9.3 投诉服务

9.3.1 投诉受理方应详细记录用户投诉信息,包括用户信息、投诉内容、诉求等。

9.3.2 涉及本省(自治区、直辖市)参与方的投诉,自受理之日起,应在 2 个工作日内响应,10 个工作日内完成投诉处理并向用户反馈处理意见。

9.3.3 涉及跨省(自治区、直辖市)的投诉,自受理之日起,应在 2 个工作日内响应,21 个工作日内完成投诉处理并向用户反馈处理意见。

9.4 服务渠道

9.4.1 发行方应提供服务网点、呼叫中心、服务网站等发行服务渠道。

9.4.2 发行方的服务网点应覆盖到本省(自治区、直辖市)内县级行政区。

9.4.3 发行方可设自营服务网点和代理服务网点,并应做好服务网点的监督、管理和人员培训工作。

9.4.4 自营服务网点服务应符合下列规定:
1 工作日应提供不少于 8h 的对外服务时间。

2 服务内容应包括业务咨询、开户、销户、充值、挂失、解挂、OBU 发行与安装、账单查询、用户信息变更、维护维修等全业务服务。

9.4.5 代理服务网点应承担发行方委托的相关服务业务。

9.4.6 呼叫中心应提供 7d×24h 服务，服务内容应包括业务咨询、投诉受理、信息查询、挂失等服务。

9.4.7 服务网站应提供 7d×24h 服务，服务内容应包括业务介绍、投诉受理、账单查询、接受用户意见反馈、资料下载等服务。

10 形象标识

10.1 一般规定

10.1.1 服务网点、服务网站、非现金支付卡卡面等应使用ETC专用形象标识。

10.1.2 ETC专用形象标识主体标识及中英文字体应按第A.0.1条的样式使用、宣传与推广。

10.1.3 ETC专用形象标识包括四色模式图形、单色模式图形、艺术立体图形三种版本，应按第A.0.2条的样式选择其中一种版本制作。

10.2 制作要求

10.2.1 ETC专用形象标识制图应符合下列规定：
1 ETC专用形象标识的具体版面样式和尺寸结构应符合第A.0.3、A.0.4条的要求。
2 ETC专用形象标识图形用于电子类显示设备等载体时，标识图形宽不应低于30像素；ETC专用形象标识图形用于平面印刷等载体时，标识图形宽不应低于10mm。
3 ETC专用形象标识中英文名称用于电子类显示设备等载体时，标识中英文名称宽不应低于60像素；ETC专用形象标识中英文名称用于平面印刷等载体时，标识中英文名称宽不应低于20mm。

10.2.2 ETC标识与中英文字体的搭配应符合下列规定：
1 ETC专用形象标识与中英文字体应包含横式和竖式两种组合方式。
2 ETC专用形象标识与中英文字体的组合标识的具体版面样式和尺寸结构应符合图A.0.5、图A.0.6的要求。
3 ETC专用形象标识与中英文字体的横式组合标识用于电子类显示设备等载体时，横式组合标识宽不应低于120像素；ETC专用形象标识与中英文字体的横式组合标识用于平面印刷等载体时，标识图形宽不应低于40mm。
4 ETC专用形象标识与中英文字体的竖式组合标识用于电子类显示设备等载体时，竖式组合标识宽不应低于90像素；ETC专用形象标识与中英文字体的竖式组合标识用于平面印刷等载体时，竖式组合标识宽不应低于 30mm。

10.2.3 ETC 专用形象标识的标准色应符合下列规定：

1 在主要的应用场合中，应使用橘红色作为基础色，基础色在不同应用场合应符合表 10.2.3-1 中的色值要求。

表 10.2.3-1 ETC 标识标准色色值要求

主要应用场合	色值设置要求
平面印刷载体，如卡面、名片、信封、信纸、宣传页等	C：0 M：65 Y：100 K：0
户外设施的喷绘	PANTONE 716 C
电子类显示设备，如电视、网站等	R：238 G：119 B：0

2 蓝色辅助色在不同应用场合应符合表 10.2.3-2 中的色值要求。

表 10.2.3-2 ETC 标识蓝色辅助色色值要求

主要应用场合	色值设置要求
平面印刷载体，如卡面、名片、信封、信纸、宣传页等	C：100 M：95 Y：5 K：100
户外设施的喷绘	PANTONE 072 C
电子类显示设备，如电视、网站等	R：32 G：42 B：136

10.3 设置要求

10.3.1 用户服务网点应用 ETC 专用形象标识时，应符合下列规定：

1 自营服务网点门头标识宜采用 ETC 专用形象标识与中英文字体的横式组合，可参考第 A.0.7 条的比例关系设置。

2 自营服务网点的整体门面可参考第 A.0.8 条中所示效果进行设置。

3 代理服务网点可在网点局部设置 ETC 专用形象标识。

10.3.2 用户服务网站应用 ETC 专用形象标识应符合下列规定：

1 用户服务网站主页面应设置 ETC 专用形象标识。
2 ETC 专用形象标识宜采用艺术立体图形。

10.3.3 非现金支付卡应用 ETC 专用形象标识应符合下列规定：

1 由省（自治区、直辖市）ETC 发行方发行的非现金支付卡应设置 ETC 专用形象标识，可按第 A.0.9 条的示例进行设置。

2 由银行发行的非现金支付卡，宜设置 ETC 专用形象标识，应用示例可参考第 A.0.10 条。

3 ETC 专用形象标识宜采用艺术立体图形。

附录 A 形象标识示例

A.0.1 ETC 专用形象标识样式如图 A.0.1 所示。

a) ETC专用形象主体标识图形

公路电子收费
Electronic Toll Collection

b) ETC专用形象标识中英文字体

图 A.0.1 ETC 专用形象标识样式

A.0.2 ETC 专用形象标识各版本样式如图 A.0.2 所示。

a) 四色模式图形　　　　b) 单色模式图形　　　　c) 艺术立体图形

图 A.0.2 ETC 专用形象标识各版本图示

A.0.3 ETC 专用形象标识英文制图示例如图 A.0.3 所示。

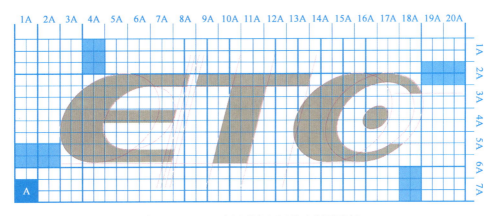

图 A.0.3 ETC 专用形象标识英文制图示例

注：1. 方格制图中 A 为一个基本单位。
　　2. 图中蓝色阴影处为不可侵入区域。

A.0.4　ETC 专用形象标识中文制图示例如图 A.0.4 所示。

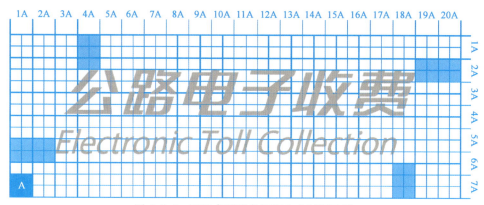

图 A.0.4　ETC 专用形象标识中文制图示例
注：1. 方格制图中 A 为一个基本单位。
　　2. 图中蓝色阴影处为不可侵入区域。

A.0.5　ETC 专用形象标识与中英文字体横式组合制图示例如图 A.0.5 所示。

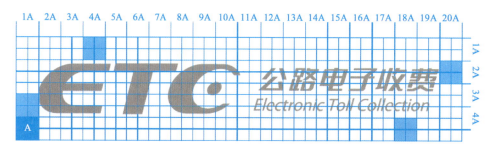

a) 标识与中英文字体横式组合制图示例

b) 标识与中英文字体横式组合应用示例

图 A.0.5　标识与中英文字体横式组合示例
注：1. 方格制图中 A 为一个基本单位。
　　2. 图中蓝色阴影处为不可侵入区域。

A.0.6　ETC 专用形象标识与中英文字体竖式组合制图示例如图 A.0.6 所示。

A.0.7　用户服务网点门头应用 ETC 专用形象标识比例如图 A.0.7 所示。

A.0.8　用户服务网点整体效果可参考图 A.0.8。

A.0.9　ETC 非现金支付卡卡面应用 ETC 专用形象标识可参考图 A.0.9。

a) 标识与中英文字体竖式组合制图示例

b) 标识与中英文字体竖式组合应用示例

图 A.0.6　标识与中英文字体竖式组合示例

注：1. 方格制图中 A 为一个基本单位。
　　2. 图中蓝色阴影处为不可侵入区域。

图 A.0.7　用户服务网点门头效果示例

— 19 —

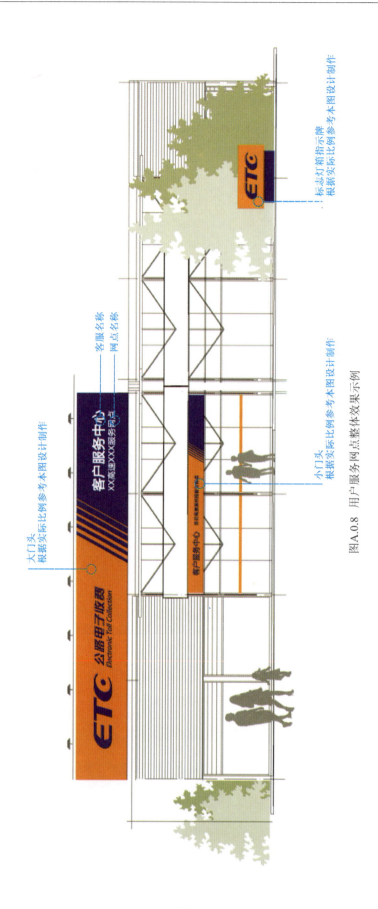

图 A.0.8 用户服务网点整体效果示例

标志安全距离参考图A.0.3执行

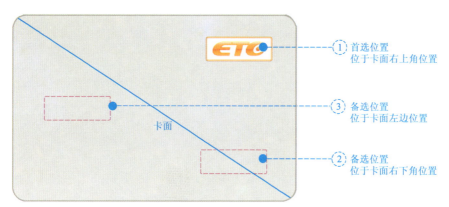

① 首选位置
位于卡面右上角位置

③ 备选位置
位于卡面左边位置

② 备选位置
位于卡面右下角位置

图 A.0.9　ETC 专用卡卡面标识应用示例
注：3 个位置可根据实际卡面的设计合理选择。

A.0.10　ETC 非现金支付卡（与银行合作发行）卡面应用 ETC 专用形象标识可参考图 A.0.10。

图 A.0.10　银行（合作）卡卡面标识效果示例

本规范用词用语说明

1 本规范执行严格程度的用词，采用下列写法：

1）表示很严格，非这样做不可的用词，正面词采用"必须"，反面词采用"严禁"；

2）表示严格，在正常情况下均应这样做的用词，正面词采用"应"，反面词采用"不应"或"不得"；

3）表示允许稍有选择，在条件许可时首先应这样做的用词，正面词采用"宜"，反面词采用"不宜"；

4）表示有选择，在一定条件下可以这样做的用词，采用"可"。

2 引用标准的用语采用下列写法：

1）在标准总则中表述与相关标准的关系时，采用"除应符合本规范的规定外，尚应符合国家和行业现行有关标准的规定"。

2）在标准条文及其他规定中，当引用的标准为国家标准和行业标准时，表述为"应符合《××××××》（×××）的有关规定"。

3）当引用本标准中的其他规定时，表述为"应符合本规范第×章的有关规定"、"应符合本规范第×.×节的有关规定"、"应符合本规范第×.×.×条的有关规定"或"应按本规范第×.×.×条的有关规定执行"。

附件

《公路电子不停车收费联网运营和服务规范》

(JTG B10-01—2014)

条 文 说 明

1 总则

1.0.2 本规范的适用范围为"公路 ETC 和相关非现金支付",相关非现金支付指基于 ETC 非现金支付卡开展的相关业务,针对对象是参与全国公路 ETC 的各运营和服务机构、收费公路经营管理单位和发行方。

3 基本规定

3.0.2 考虑全国 ETC 联网后,为确保联网内各省(自治区、直辖市)ETC 车辆车型识别的统一性,特规定车型分类标准。

3.0.3 为加强联网区域内各运营方对 ETC 车辆的统一管理,要求联网区域内用户车辆、OBU 和非现金支付卡一一绑定,即一车一标签一卡;对于单发卡未安装 OBU 的车辆,应实行车卡绑定,即一车一卡。

3.0.5 在封闭式收费应用模式下,非现金支付卡不应只做电子钱包使用。若在入口车道未使用非现金支付卡,出口车道则不受理非现金支付卡支付方式,用户使用现金或其他支付方式全额支付通行费。在实施路径识别的区域内、过渡期内,非现金支付卡可以仅作为支付介质使用。

3.0.6 车道日志内容通常包括路网号、收费站编号、收费车道号、出入口状态、卡类型、非现金支付卡网络编号、非现金支付卡内部编号、日期时间、交易状态、车型、车牌号码、TAC 码、终端机编号以及车辆图像数据等信息。各地可以根据需要延长保存时间。

4 清分结算

4.1 清分管理

4.1.1 交易数据是指ETC用户在通行公路收费车道时产生的记录非现金支付卡信息、交易时间信息、交易金额信息、收费站信息以及验证信息等内容的数据，该数据用作消费记账的电子凭证。

4.2 结算管理

4.2.1 国家中心对联网区域跨省（自治区、直辖市）ETC通行费实行轧差结算的方式，即国家中心对省中心在结算周期内清分的跨省（自治区、直辖市）数据进行分类汇总，并将应付大于应收的省中心差额部分的资金，划入应收大于应付的省中心的结算账户。

4.3 争议交易处理

4.3.1～4.3.2 系统中，争议交易的记账状态为"待决应收"，该状态是根据发行方处理交易的结果设置的。

争议交易的类型有：验证未通过、逾期超过设定值、重复交易、测试交易、用户状态变化、卡号不存在、卡超过有效期、车道交易时刻对时错误、账户不存在、无效卡等类型。

争议交易的处理结果只能是以下两种情形之一：①该交易作为正常交易，由发行方全额付款；②该交易作为坏账，发行方不进行支付。

在清分结算系统中经处理后，记账状态变为"争议付款"或"坏账"，不会再发生变化；清分系统将处理结果发送至涉及争议方的省中心。

4.3.6 30个自然日的测算依据如下：

（1）收费公路经营管理单位在交易数据产生后，上传至省中心的时限不超过21个自然日。

（2）省中心上传至国家中心的时限不超过3个自然日。

（3）国家中心下发至各省中心的时限不超过3个自然日。

（4）发行方完成交易数据确认并发送确认信息的时限不超过 3 个自然日。

4.4 退费交易处理

4.4.1 退费交易的退费类型包括以下两种：

（1）用户在联网 ETC 系统范围内行驶造成的通行异常、消费情况与实际不符产生的扣费争议投诉。

（2）用户在联网 ETC 系统范围内行驶时，由于人为错误或系统异常造成多收取用户通行费，由所行驶收费公路开具退费单的退费业务。

5 联网信息管理

5.0.2 基础信息包括联网省份代码、联网区域内参与方信息等。

5.0.3 发行信息共享包括共享车牌号、发行方等信息，用于保证联网区域内一车一标签一卡。

5.0.4 黑名单包括处于挂失、无卡注销、透支、禁用等状态的用户。

5.0.6 24h 的测算依据如下：
（1）发行方在黑名单产生后，上传至省中心的时限不超过 2h。
（2）各省中心上传至国家中心的时限不超过 2h。
（3）国家中心下发至各省中心的时限不超过 2h。
（4）各省中心下发至省（自治区、直辖市）内收费公路经营管理单位的时限不超过 2h。
（5）收费公路经营管理单位将黑名单下发至车道的时限不超过 16h。

6 检测

6.0.1 ETC关键设备包括路侧单元、OBU、OBU初始化设备、IC卡及读写器等；关键系统包括ETC专用车道系统、非现金支付车道系统以及清分结算管理中心系统等。

6.0.2 型式检验是为产品认证目的而进行，由认证机构对一个或多个具有生产代表性的产品样品，通过一系列试验及合理评价来证明受试样品是否符合其相应标准的过程。

7 指标参数

7.0.2 1 基础设施指标中的收费站信息包括：
（1）收费站名称：在收费广场标识的收费站全名。
（2）收费站位置：收费站所在路段国家高速路线和编号。
（3）收费站车道数量、ETC车道数量：区分出口车道和入口车道进行统计。
2 基础设施指标中的服务网点信息包括：
（1）服务网点名称：对外公布的唯一官方全名。
（2）服务网点位置：设立在公路上的服务网点的国家高速公路网路线及编号等信息；未设立在公路上的服务网点的所属市（县）、道路名称、门牌号码等信息。
（3）服务网点种类：分为自营服务网点、代理服务网点等。
（4）网点服务内容：可对用户提供服务的具体内容。
3 基础设施指标中的路侧单元信息包括：
（1）路侧单元位置：路侧单元所在的国家高速公路网路线编号和桩号。
（2）路侧单元用途：按用途进行区分，包含但不限于ETC、路径识别、信息采集、信息发布等。

7.0.3 用户发展指标宜按收费车型分类标准进行分类统计，用户发展指标包括：
1 非现金支付卡用户数量：已办理本省（自治区、直辖市）非现金支付卡的车辆数量。
2 ETC用户数量：已办理本省（自治区、直辖市）OBU的用户数量。

7.0.4 1 ETC车道交易成功率：ETC用户一次交易成功通过ETC车道的次数占ETC车道交易总数的比例。
2 非现金交易笔数：公路收费站收缴的使用非现金支付卡支付通行费的次数；非现金交易笔数占比：非现金交易笔数占公路收费站收缴通行费笔数的比例。
3 非现金交易金额：公路收费站收缴的使用非现金支付卡支付通行费的金额；非现金交易金额占比：非现金交易金额占公路收费站收缴通行费金额的比例。
4 ETC交易笔数：ETC用户通过公路收费站ETC出口车道成功交易的次数；ETC交易笔数占比：ETC交易笔数占公路收费站收缴通行费笔数的比例。
5 ETC交易金额：通过公路收费站ETC出口车道收缴通行费的金额；ETC交易金额占比：ETC交易金额占公路收费站收缴通行费金额的比例。

6 省（自治区、直辖市）界站主要运营信息：车道周期流量、交易成功率、车道异常信息分类统计、黑名单接收周期、车道服务时间等。

7.0.5 国家中心应汇总省中心上传的指标参数，并根据需要共享相关指标参数信息给省中心。

8 车道服务

8.0.1 ETC车道的设置位置需考虑尽量减少进入收费广场的ETC车辆与一般车辆交叉并线的影响，原则上宜设置在收费站行车方向左侧，即内侧车道。

8.0.2 自动栏杆岛内布局模式的主要特征包括：
（1）自动栏杆设置在收费岛的后端，处于常闭状态。
（2）无线通信区域设置在收费岛的前端。
（3）自动栏杆距通信区域的距离较远，两者之间会形成队列。

9 用户服务

9.1 一般规定

9.1.1 统一规范的用户服务包括统一的服务形象、统一的服务用语、统一的服务流程等。

9.1.5 第一时间接受用户投诉者，要先受理、后处理，尽可能地减少中间环节，注重时效；同时遵循谁的用户谁负责的原则。与用户投诉内容相关的部门要主动承担和处理投诉，不推诿、不扯皮，依据有关政策和规章制度，坚持实事求是、公平合理的原则，最大限度满足用户的正当需求。

9.2 发行服务

9.2.1 个人用户有效身份证件包括身份证、军官证、护照等；政府机关、企事业用户有效身份证件包括营业执照或组织机构代码证。

9.2.4 考虑到对OBU、非现金支付卡黑名单数量的控制，以及产品的使用寿命，设置有效期。

9.2.5 非人为损坏是指OBU、非现金支付卡表面完好，没有变形、断裂、烧熔、浸水，芯片上没有明显的划痕。质保期的结束时间具体为该产品销售2年后的同一天当晚23：59：59。质保期内，非人为损坏的OBU、非现金支付卡应免费维修，若无法立即修复使用的应免费更换。

9.2.6 挂失包括电话挂失、书面挂失等方式。

9.2.8 月结单通常包括用户通行记录、账户余额等信息。

9.2.9 前装式OBU指汽车制造厂安装的或汽车销售服务店安装的OBU，通常采用车载供电。

9.3 投诉服务

9.3.2~9.3.3 投诉自受理之日起应在 2 个工作日内进行的响应指及时告知用户投诉处理进度、预计处理时间等信息，询问用户是否存在需补充的建议，并做好用户的安抚工作。

9.4 服务渠道

9.4.1 服务网点包括自营服务网点和代理服务网点。

9.4.2 可以是自营服务网点或代理服务网点。

9.4.4 自营服务网点的工作日含周六、周日，法定节假日除外。

10 形象标识

10.1 一般规定

10.1.1 本条说明了 ETC 专用形象标识的主要应用场合为用户服务网点、用户服务网站、非现金支付卡卡面。其他与 ETC 相关的应用场合，如路侧单元、OBU 等可以参照应用。

10.1.3 四色模式主要由青、品、黄、黑四色根据一定比例关系调和成所需颜色，可作为平面印刷、打印等使用；单色模式主要由 PANTONE 色卡所定义的专用色值，可作为 PANTONE 色印刷、烫金、烫银印刷工艺，也可用于立体、刺绣、雕刻制版等制作工艺中；艺术立体图形可作为网页等色彩表现丰富的载体中。

10.2 制作要求

10.2.1~10.2.2 这两条严格规定了标识制作的规格和各部分比例关系，制作时应严格按照附录 A 制图法的规定，采用方格制图绘制出正确的标识图案。

10.2.3 根据各颜色色值要求，在实际制作中根据不同载体选取使用。基础色为 ETC 形象推广主色调，辅助色主要在 ETC 标识形象宣传的整体画面中起平衡、点缀作用。

10.3 设置要求

10.3.1 用户服务网点是对外宣传、传播服务形象的重要载体。整齐统一的网点形象标识，有利于 ETC 形象标识传播。本条中提供的 ETC 专用形象标识与网点名称的标准组合主要应用于自营服务网点，实际制作时参考相似比例进行设计。对于代理服务网点，条件允许的情况下，可以在局部位置设置 ETC 专用形象标识。

10.3.2 1 本款规定了用户服务网站主页面应设有 ETC 专用形象标识，其他页面可以参考执行，ETC 专用形象标识设置时尽量注意与网页保持整体协调。

10.3.3 1 本款规定了由发行方发行的非现金支付卡应设有 ETC 专用形象标识进行

识别，第 A.0.9 条针对 ETC 专用形象标识在卡面不同位置的设置进行了规范，可以根据实际需求合理选择标识设置位置。

2 由银行发行的非现金支付卡（银行联名卡），在条件允许的情况下，宜设有 ETC 专用形象标识进行识别，第 A.0.10 条给出了示例，可以根据实际需求合理选择标识设置位置。

公路工程现行标准、规范、规程、指南一览表

序号	类别	编　号	书名（书号）	定价(元)
1	基础	JTG A02—2013	公路工程行业标准制修订管理导则(10544)	15.00
2		JTG A04—2013	公路工程标准编写导则(10538)	20.00
3		JTJ 002—87	公路工程名词术语(0346)	22.00
4		JTJ 003—86	公路自然区划标准(0348)	16.00
5		JTG B01—2014	公路工程技术标准(11814)	98.00
6		JTG B02—2013	公路工程抗震规范(11120)	45.00
7		JTG/T B02-01—2008	公路桥梁抗震设计细则(1228)	35.00
8		JTG B03—2006	公路建设项目环境影响评价规范(0927)	26.00
9		JTG B04—2010	公路环境保护设计规范(08473)	28.00
10		JTG/T B05—2004	公路项目安全性评价指南(0784)	18.00
11		JTG B05-01—2013	公路护栏安全性能评价标准(10992)	30.00
12		JTG B06—2007	公路工程基本建设项目概算预算编制办法(06903)	26.00
13		JTG/T B06-01—2007	★公路工程概算定额(06901)	110.00
14		JTG/T B06-02—2007	★公路工程预算定额(06902)	138.00
15		JTG/T B06-03—2007	★公路工程机械台班费用定额(06900)	24.00
16		交通部定额站 2009 版	公路工程施工定额(07864)	78.00
17		JTG/T B07-01—2006	公路工程混凝土结构防腐蚀技术规范(0973)	16.00
18		交通部 2007 年第 30 号	国家高速公路网相关标志更换工作实施技术指南(1124)	58.00
19		交通部 2007 年第 35 号	收费公路联网收费技术要求(1126)	62.00
20		JTG B10-01—2014	公路电子不停车收费联网运营和服务规范(11566)	30.00
21		交通运输部 2011 年	公路工程项目建设用地指标(09402)	36.00
22	勘测	JTG C10—2007	★公路勘测规范(06570)	28.00
23		JTG/T C10—2007	★公路勘测细则(06572)	42.00
24		JTG C20—2011	公路工程地质勘察规范(09507)	65.00
25		JTG/T C21-01—2005	公路工程地质遥感勘察规范(0839)	17.00
26		JTG/T C21-02—2014	公路工程卫星图像测绘技术规程(11540)	25.00
27		JTG/T C22—2009	公路工程物探规程(1311)	28.00
28		JTG C30—2002	公路工程水文勘测设计规范(0604)	22.00
29	设计	公路	JTG D20—2006	★公路路线设计规范(0996)	38.00
30			JTG/T D21—2014	公路立体交叉设计细则(11761)	60.00
31			JTG D30—2004	公路路基设计规范(05326)	48.00
32			JTG/T D31—2008	沙漠地区公路设计与施工指南(1206)	32.00
33			JTG/T D31-02—2013	公路软土地基路堤设计与施工技术细则(10449)	40.00
34			JTG/T D31-03—2011	★采空区公路设计与施工技术细则(09181)	40.00
35			JTG/T D31-04—2012	多年冻土地区公路设计与施工技术细则(10260)	40.00
36			JTG/T D32—2012	公路土工合成材料应用技术规范(09908)	42.00
37			JTG D40—2011	★公路水泥混凝土路面设计规范(09463)	40.00
38			JTG D50—2006	★公路沥青路面设计规范(06248)	36.00
39			JTG/T D33—2012	公路排水设计规范(10337)	40.00
40		桥隧	JTG D60—2004	公路桥涵设计通用规范(05068)	24.00
41			JTG/T D60-01—2004	公路桥梁抗风设计规范(0814)	28.00
42			JTG D61—2005	公路圬工桥涵设计规范(0887)	19.00
43			JTG D62—2004	公路钢筋混凝土及预应力混凝土桥涵设计规范(05052)	48.00
44			JTG D63—2007	公路桥涵地基与基础设计规范(06892)	48.00
45			JTJ 025—86	公路桥涵钢结构及木结构设计规范(0176)	20.00
46			JTG/T D65-01—2007	公路斜拉桥设计细则(1125)	28.00
47			JTG/T D65-04—2007	公路涵洞设计细则(06628)	26.00
48			JTG D70—2004	公路隧道设计规范(05180)	50.00
49			JTG/T D70—2010	★公路隧道设计细则(08478)	66.00
50			JTG D70/2—2014	公路隧道设计规范　第二册　交通工程与附属设施(11543)	50.00
51			JTG/T D70/2-01—2014	公路隧道照明设计细则(11541)	35.00
52			JTG/T D70/2-02—2014	公路隧道通风设计细则(11546)	70.00
53		交通工程	JTG D80—2006	高速公路交通工程及沿线设施设计通用规范(0998)	25.00
54			JTG D81—2006	★公路交通安全设施设计规范(0977)	25.00
55			JTG/T D81—2006	★公路交通安全设施设计细则(0997)	35.00
56			JTG D82—2009	公路交通标志和标线设置规范(07947)	116.00
57		综合	交公路发〔2007〕358 号	公路工程基本建设项目设计文件编制办法(06746)	26.00
58			交公路发〔2007〕358 号	公路工程基本建设项目设计文件图表示例(06770)	600.00

续上表

序号	类别	编号	书名(书号)	定价(元)
59	检测	JTG E20—2011	公路工程沥青及沥青混合料试验规程(09468)	106.00
60		JTG E30—2005	公路工程水泥及水泥混凝土试验规程(0830)	32.00
61		JTG E40—2007	★公路土工试验规程(06794)	79.00
62		JTG E41—2005	公路工程岩石试验规程(0828)	18.00
63		JTG E42—2005	公路工程集料试验规程(0829)	30.00
64		JTG E50—2006	★公路工程土工合成材料试验规程(0982)	28.00
65		JTG E51—2009	公路工程无机结合料稳定材料试验规程(08046)	48.00
66		JTG E60—2008	公路路基路面现场测试规程(07296)	38.00
67		JTG/T E61—2014	公路路面技术状况自动化检测规程(11830)	25.00
68	施工 公路	JTG F10—2006	公路路基施工技术规范(06221)	40.00
69		JTJ 034—2000	公路路面基层施工技术规范(0431)	20.00
70		JTG/T F30—2014	公路水泥混凝土路面施工技术细则(11244)	60.00
71		JTG/T F31—2014	公路水泥混凝土路面再生利用技术细则(11360)	30.00
72		JTJ 037.1—2000	公路水泥混凝土路面滑模施工技术规程(0425)	16.00
73		JTG F40—2004	公路沥青路面施工技术规范(05328)	38.00
74		JTG F41—2008	公路沥青路面再生技术规范(07105)	25.00
75	桥隧	JTG/T F50—2011	★公路桥涵施工技术规范(09224)	110.00
76		JTG/T F81-01—2004	公路工程基桩动测技术规程(0783)	20.00
77		JTG F60—2009	公路隧道施工技术规范(07992)	42.00
78		JTG/T F60—2009	公路隧道施工技术细则(07991)	58.00
79	交通	JTG F71—2006	★公路交通安全设施施工技术规范(0976)	20.00
80		JTG/T F72—2011	公路隧道交通工程与附属设施施工技术规范(09509)	35.00
81	质检安全	JTG F80/1—2004	公路工程质量检验评定标准 第一册 土建工程(05327)	46.00
82		JTG F80/2—2004	公路工程质量检验评定标准 第二册 机电工程(05325)	26.00
83		JTG G10—2006	公路工程施工监理规范(06267)	20.00
84		JTJ 076—95	公路工程施工安全技术规程(0049)	12.00
85	养护管理	JTG H10—2009	公路养护技术规范(08071)	49.00
86		JTJ 073.1—2001	公路水泥混凝土路面养护技术规范(0520)	12.00
87		JTJ 073.2—2001	公路沥青路面养护技术规范(0551)	13.00
88		JTG H11—2004	公路桥涵养护规范(05025)	30.00
89		JTG H12—2003	公路隧道养护技术规范(0695)	26.00
90		JTG H20—2007	公路技术状况评定标准(1140)	15.00
91		JTG/T H21—2011	★公路桥梁技术状况评定标准(09324)	46.00
92		JTG H30—2004	公路养护安全作业规程(05154)	36.00
93		JTG H40—2002	公路养护工程预算编制导则(0641)	9.00
94	加固设计与施工	JTG/T J21—2011	公路桥梁承载能力检测评定规程(09480)	20.00
95		JTG/T J22—2008	公路桥梁加固设计规范(07380)	52.00
96		JTG/T J23—2008	公路桥梁加固施工技术规范(07378)	30.00
97	造价	JTG M20—2011	公路工程基本建设项目投资估算编制办法(09557)	30.00
98		JTG/T M21—2011	公路工程估算指标(09531)	110.00
1	技术指南	交公便字〔2006〕02号	公路工程水泥混凝土外加剂与掺合料应用技术指南(0925)	50.00
2		交公便字〔2006〕02号	公路工程抗冻设计与施工技术指南(0926)	26.00
3		厅公路字〔2006〕418号	公路安全保障工程实施技术指南(1034)	40.00
4		交公便字〔2006〕274号	公路钢箱梁桥面铺装设计与施工技术指南(1008)	25.00
5		交公便字〔2009〕145号	公路交通标志和标线设置手册(07990)	165.00

注：JTG——公路工程行业标准体系；JTG/T——公路工程行业推荐性标准体系；JTJ——仍在执行的公路工程原行业标准体系。

批发业务电话：010-59757973；零售业务电话：010-85285659(北京)；网上书店电话：010-59757908；业务咨询电话：010-85285922。带"★"的表示有勘误，详见www.ccpress.com.cn人民交通出版社网站首页。